AF395338

RÉPUBLIQUE

ET

MONARCHIE

PAR

MAX

« Peuple, la liberté est placée entre le despotisme et l'anarchie ; tu as brisé le premier de ces écueils, mais crains de te briser contre le second. »

ISNARD.

PARIS

IMPRIMERIE ADMINISTRATIVE DE PAUL DUPONT

41, RUE JEAN-JACQUES-ROUSSEAU.

1874

RÉPUBLIQUE

ET

MONARCHIE

Dieu a créé l'homme libre. — Néanmoins, depuis la formation des premières sociétés, l'histoire de la vie humaine n'a été qu'une lutte incessante de la tyrannie contre la liberté et de la liberté contre la tyrannie. On dirait que la Providence a donné aux hommes deux éléments contraires qui doivent les rendre éternellement malheureux : à ceux qui sont nés sujets, des aspirations à l'indépendance ; à ceux qui sont nés puissants, des tendances à l'oppression.

Les premiers hommes qui ont habité la terre vivaient sous l'autorité de leurs patriarches ou chefs de famille. Plus tard, à mesure que les agglomérations humaines s'accrurent, les distinctions devinrent plus profondes entre les familles. Celles qui avaient le plus de courage, d'audace et de fierté, imposèrent aux autres leur suprématie. Puis les empires se formèrent et la tyrannie régna.

Les contrées de l'Orient, qui furent le berceau de la civilisation et qui offrent encore à notre admiration des monuments gigantesques et des ruines imposantes, donnèrent aussi naissance à l'esclavage.

Ainsi les hommes de l'antiquité dont on a tant admiré la sagesse dans les conseils, la sévérité des mœurs, le courage héroïque dans les combats, n'étaient, à vrai dire, que des tyrans égaux devant les lois qu'ils avaient faites, puisque chacun d'eux possédait des esclaves sur lesquels il avait l'autorité la plus étendue.

L'étincelle de la civilisation, partie des bords du Nil, gagna la Grèce. Athènes et Sparte furent les deux républiques les plus puissantes de ce peuple. Elles aimaient également la gloire et la liberté. Tant que la crainte de l'étranger menaça la Grèce, leur animosité réciproque resta cachée ; elles combattirent ensemble aux Thermopyles pour le salut commun ; mais dès que les Perses ne furent plus à redouter, leur ambition à la prépondérance se réveilla. Athènes, d'un esprit plus léger que sa voisine, s'enivra d'abord de ses triomphes et s'amollit la première. Sparte, plus dure et gouvernée par des lois plus sévères, conserva plus long-temps sa force et son patriotisme. Aussi dans la lutte engagée entre ces deux républiques, Athènes succomba. Elles entraînèrent avec elles la ruine de la Grèce entière, car en s'affaiblissant elles-mêmes, elles apprêtaient le triomphe des Macédoniens et des Romains.

On connaît l'origine des Romains. Leur constante préoccupation fut l'affaiblissement de leurs voisins. Aussi les travaux les plus rudes, les exercices continuels, la frugalité, la pauvreté, l'amour des combats et de la gloire, les rendirent bientôt maîtres des peuples qui les entouraient ; et pendant que leur domination s'étendait au dehors, l'intérieur de leur ville retentissait du bruit des discordes civiles, des menaces du peuple demandant l'égalité et la liberté. Car il est à remarquer qu'à Rome il y avait deux classes de citoyens bien distinctes, les patriciens qui occupaient les principales charges, et les plébéiens qui versaient leur sang pour la patrie, mais qui ne pouvaient obtenir les mêmes honneurs. Au-dessous, étaient encore les esclaves.

Ainsi les hommes qui conquirent le monde ancien, qui furent à la fois les plus terribles dans la guerre, les plus prévoyants dans les conseils, les plus inflexibles dans leurs résolutions, qui firent les plus beaux sacrifices à la patrie et à la liberté, dans les moments de danger, furent les Romains. Mais dès qu'ils n'eurent plus d'ennemis à combattre, enrichis par les dépouilles de tant de nations vaincues, ils se laissèrent aller aux douceurs de la mollesse et de la corruption ; ils ne surent plus défendre leur liberté contre les dictateurs qui étouffaient la République sous prétexte de la sauver.

Les guerres intestines entre Sylla et Marius, César et Pompée, Octave et Antoine, préparent la chute du peuple romain.

Bientôt, on ne voit plus que des hommes dominés par les passions, sans courage, sans énergie, vils et bas devant leurs maîtres dont ils deviennent le jouet.

Ainsi, les descendants de ceux qui ont légué au monde les plus beaux exemples d'amour de la patrie et de la liberté, deviennent plus méprisables et plus lâches que leurs esclaves mêmes, tant les richesses et l'oisiveté corrompent les hommes.

Mais les Barbares arrivent : ils pénètrent dans l'empire de toutes parts ; ils se partagent ses trésors ; ils commandent en maîtres et foulent aux pieds, avec mépris, les Romains dégénérés. Un voile obscur paraît s'étendre sur le monde.

Toute liberté est étouffée pour longtemps. Les peuples retombent dans le chaos. La féodalité, c'est-à-dire la tyrannie sous mille formes différentes, règne dans tous les États.

Cependant, durant ces siècles de violence et d'oppression, l'ancien peuple gaulois, qui avait plus que les autres reçu une profonde empreinte de la civilisation romaine, jette de temps en temps, comme un feu mal éteint sous la cendre, quelques étincelles de lumière.

D'abord, c'est Charlemagne qui, par ses guerres, mêle les peuples barbares et établit entre eux un courant d'idées; puis, les croisades qui ramènent sur les bords où l'homme fit ses premiers essais de civilisation, les fils encore farouches des Germains, des Francs et des Gallo-Romains. Ce contact avec les anciens peuples policés donne aux esprits une nouvelle impulsion. Les demandes de Chartes communales sont les premières aspirations à l'indépendance. Mais les communes ont besoin de l'appui des rois et les rois ont besoin aussi de l'appui des communes pour briser la puissance de la féodalité qui enveloppe les États comme dans un réseau. Cependant ce terrible édifice s'écroule lentement, et à mesure qu'il tombe la royauté grandit et le peuple, sous sa tutelle, commence à être quelque chose dans l'État.

Déjà un monde nouveau est découvert. Ce monde livre des espaces immenses à l'activité humaine et à l'ambition.

Aux guerres que la France fait au delà des monts, succède une renaissance dans les arts, qui annonce un grand adoucissement des mœurs, une marche de l'esprit vers la perfection des choses.

Les idées ne s'arrêtent plus. La réforme religieuse montre les efforts continuels qu'elles font pour élargir leur domaine.

Enfin, la royauté donne le coup de grâce aux descendants de ceux qui étaient plus puissants qu'elle, et qui ne sont plus bientôt que des factieux turbulents, impuissants à la combattre par les armes et que l'emprisonnement corrige.

L'unité territoriale est faite. La royauté commande d'une manière souveraine et absolue, mais elle oublie le peuple qui l'a aidée à se relever, et, loin de s'occuper de ses besoins, elle ne cherche qu'à s'entourer de ses anciens ennemis et qu'à leur prodiguer ses faveurs.

Cependant la nation grandit et se fortifie chaque jour ; et à mesure qu'elle se développe, les abus, les vexations, les injustices, prennent, à ses yeux, des formes plus apparentes. Elle demande des réformes ; mais la royauté remplie de faiblesse et conseillée par des imprudents, épouvantée même du jour qui se fait dans les esprits, hésite, balbutie et se laisse entraîner par les conseils les plus funestes et les plus incertains, au lieu de se mettre à la tête du peuple qui la révère profondément et qui veut accomplir de grandes choses avec elle.

Le peuple était mûr pour la liberté ; il voulait se gouverner lui-même, de concert avec la royauté, sur les bases de la justice et de l'égalité. Mais la royauté s'éloigna de lui. Alors il fit éclater sa colère contre ses oppresseurs et ce jour terrible s'appela la Révolution.

*
* *

La Liberté a été enfantée au milieu des déchirements, du sang et de la douleur. Elle a ouvert au monde une ère nouvelle de salut et de prospérité.

La Providence choisit pour être l'instrument de ses desseins le peuple qui était le plus connu de l'univers, qui avait rempli l'antiquité du bruit de ses armes, qui avait été le plus soucieux de son indépendance, le plus constant et le plus terrible des ennemis de Rome.

La tourmente révolutionnaire brisa avec une vigueur implacable toutes les entraves qu'elle rencontra ; et pour répandre dans toutes les nations les principes nouveaux, les enfants de la France nés d'hier, et déjà aussi mâles et aussi intrépides que leurs ancêtres, parcoururent l'Europe entière en vainqueurs, et donnèrent au monde le spectacle étonnant des grandes choses que peut accomplir un peuple qui a rompu les liens de la tyrannie.

Cependant la Providence suscite un homme extraordinaire par l'étendue de son intelligence et la vive conception de son génie, qui bouleverse les nations par ses armes, et qui fait naître chez elles, à force de les opprimer, le patriotisme et l'amour de la liberté.

Cet homme jette aussi, comme il le dit lui-même, des blocs de granit sur le sol mouvant de la Révolution. Il cherche à cicatriser les maux de la société et à lui donner des institutions durables. Mais sa déplorable ambition l'entraîne déjà loin des principes de la justice et de la raison. Il écarte la liberté de sa route et veut régner en souverain sur un monde gigantesque façonné selon ses idées. C'est la ruine de sa puissance.

L'Europe entière s'abat sur lui, et, après de nombreux efforts, parvient à le terrasser. Son peuple ensanglanté tombe de nouveau, après vingt années de victoires, vaincu et affaibli, entre les mains de ses ennemis.

La Liberté se tient à l'écart et se couvre d'un voile de deuil. La France abattue, la réaction se fait chez toutes les nations. Les oppresseurs reviennent en foule pour reconstruire le long échafaudage de leurs priviléges et de leurs abus. Mais les temps ont bien changé ! Les principales conquêtes de la Révolution restent inébranlables sous les efforts de ceux qui veulent les renverser. Et bientôt le peuple, las de se voir dédaigné, humilié par quelques hommes qui représentent les restes dissolus de l'ancienne cour et qui veulent, sans mandat légal et sans droit, le gouverner à leur fantaisie, le vexer et le réduire à l'impuissance, les chasse de nouveau et les envoie sur la terre de l'exil. Mais cette Révolution, qui montre d'une manière évidente que l'esprit du peuple n'est plus avec ceux qui l'ont tant tyrannisé et qui lui ont été imposés, dans ses jours de désastre, par les armes étrangères, dévie cependant de son véritable but. En effet, quelques hommes seulement, prenant sur eux la responsabilité de la nation entière, proclamèrent une nouvelle royauté. Mais cette royauté ne prit jamais dans le pays de racines bien profondes, et, d'émeutes en émeutes, elle tomba un jour pour une cause futile en apparence.

Quelles sont donc les bases nouvelles sur lesquelles, à l'avenir, doivent s'asseoir les sociétés pour être durables ? Ces bases sont la volonté du peuple librement exprimée.

Après la lutte entre le pouvoir qui tombait et celui qui s'établissait, la nation confia la première magistrature de la République à un homme dont le nom réveillait les plus beaux souvenirs de gloire, de grandeur et d'infortune qu'il soit possible à un être humain de conquérir.

L'Assemblée fatiguait le pays par des débats impuissants et souvent futiles ; aussi l'opinion publique s'éloignait d'elle et tournait les yeux vers le chef du pouvoir exécutif. Ce dernier termina le conflit entre lui et les représentants en prononçant la dissolution de l'Assemblée et en faisant arrêter les principaux de ceux qui s'opposaient à ses desseins. La France approuva cet attentat à la liberté parlementaire par sept millions et demi de suffrages.

Ce pouvoir; après avoir gouverné la France pendant vingt ans, est tombé dans un jour de malheur. La nation forme aujourd'hui deux vastes camps. Et maintenant comment la question de gouvernement pourra-t-elle être tranchée légalement? D'une seule manière : par un plébiscite.

*
* *

Le mot de République paraît être un épouvantail pour certaines personnes et pour d'autres une arche de salut. Il serait intéressant de rechercher les causes qui font donner deux sens si contraires à cette forme de gouvernement.

La république (*res publica*), c'est-à-dire administration de la chose publique, a été la dénomination que les États de la Grèce se donnèrent, lorsqu'ils eurent chassé leurs tyrans ou rois, et qu'ils voulurent gouverner eux-mêmes leurs affaires, en se faisant représenter par ceux de leurs concitoyens qui étaient le plus dignes de l'estime et du respect de tous.

L'établissement de la république à Rome fut aussi l'origine de la liberté. Mais la différence entre les temps anciens et les temps actuels est si grande qu'on la remarque dès le premier abord. En effet, ces hommes qui aimaient tant leur patrie et leur liberté, ne furent eux-mêmes que des maîtres et des tyrans qui avaient des esclaves sous leur domination particulière ; et les Républiques antiques voyaient au milieu de leur liberté même les plus tristes exemples d'esclavage et de tyrannie que le souverain de nos jours le plus absolu et le plus autocrate ne pourrait autoriser.

Les questions d'humanité passent avant les questions particulières de nation ; et s'il y avait aujourd'hui un peuple chez lequel la liberté fût à la fois excessive parmi les citoyens et l'esclavage en honneur, dirait-on que ce peuple est sage et libre? Les autres nations permettraient-elles que les droits de l'humanité fussent violés d'une manière si indigne? C'est cependant un aussi déplorable spectacle qu'offrent à nos yeux les républiques de la Grèce et de Rome. Les gouvernements modernes ont une harmonie plus grande et un enchaînement plus rationel dans les différentes parties qui les composent.

Le gouvernement qui serait le meilleur, serait celui, quelle que soit sa dénomination, qui accorderait au peuple la plus large part dans la direction des affaires publiques, par sa voix même dans les grandes circonstances, et par le soin de ses délégués en temps ordinaire. Chacun est d'accord sur ce point. Néanmoins, ce qui paraît le plus occuper certains esprits, c'est moins de fortes institutions que la forme d'un gouvernement que chacun voudrait faire selon ses vues et ses intérêts. Tel n'est pas le patriotisme. Élaborez une constitution sur les larges bases de la justice et du droit, et, quand elle sera terminée, soumettez-la à l'approbation du peuple, car lui seul a le pouvoir de la refuser ou de la sanctionner. Mais, dira-t-on, on ne peut pas s'entendre? Alors, s'il n'y a pas d'entente possible, quel travail, en vérité, voulez-vous faire? Remettez vos pouvoirs à celui qui vous les a donnés, au peuple, et que lui-même prenne la parole et nomme ses gouvernants.

Quelques hommes croient ou affectent de croire qu'une République mettrait un terme à bien des incertitudes et serait plus propre à ouvrir une ère de paix et de prospérité qu'une monarchie. Voici ce qu'un écrivain célèbre et un penseur profond, Montesquieu, pense de l'un et de l'autre de ces gouvernements : « Rome ayant chassé ses rois, établit des consuls annuels ; c'est encore ce qui la porta à ce haut degré de puissance. Les princes ont dans leur vie des périodes d'ambition, après quoi d'autres passions, et l'oisiveté même, succèdent; mais la République ayant des chefs qui changent tous les ans et qui cherchent à signaler leur magistrature pour en obtenir de nouvelles, il n'y a pas un moment de perdu pour l'ambition.

« La tyrannie d'un prince ne met pas un État plus près de sa ruine que l'indifférence pour le bien commun n'y met une République. L'avantage d'un État libre est que les revenus y sont mieux administrés et qu'il n'y a pas de favoris ; mais quand cela n'est pas, et qu'au lieu des parents et des amis du prince, il faut faire la fortune des amis et des parents de tous ceux qui ont part au gouvernement, tout est perdu ; les lois y sont éludées plus dangereusement qu'elles ne sont violées par un prince qui, étant toujours le premier citoyen de l'État, a le plus d'intérêt à sa conservation. »

Montesquieu touche avec une justesse admirable les points défectueux de l'un et de l'autre de ces gouvernements ; et chacun, en voyant l'histoire de son pays, peut en reconnaître facilement la vérité.

Chaque nation doit se donner un gouvernement conforme à ses vœux, à ses mœurs, à ses intérêts et à son caractère ; mais comme dans un État tous les hommes ne peuvent pas avoir les mêmes idées sur le même sujet, c'est le plus grand nombre qui doit trancher la question.

Tout gouvernement, pour être libre, doit être essentiellement représentatif. Mais la limite qui doit déterminer les pouvoirs des représentants et ceux du chef du Pouvoir exécutif est presque toujours une source de longues discussions et de contestations violentes ; aussi ces débats interminables ennuient bientôt le pays, et s'il se présente un homme qui parle au nom de l'intérêt commun et qui sache captiver l'attention par des paroles pleines de désintéressement, de patriotisme et d'énergie, cet homme, qu'on n'en doute pas, sera bientôt celui en qui le peuple placera sa confiance, de préférence à ses délégués eux-mêmes.

En France, plusieurs tentatives ont été faites pour établir le gouvernement qui porte le nom de République. Ce fut le 21 septembre 1792 que cette forme gouvernementale fut adoptée pour la première fois par la Convention nationale. A cette époque, les armées étrangères envahissaient la frontière, la royauté était prisonnière et n'existait plus de fait, les esprits laissaient s'échapper avec violence les transports de la liberté trop longtemps contenus. C'étaient de longs et de terribles jours, immortels dans l'histoire du monde. La Convention nationale, comme une louve à qui on enlève ses petits, à force d'audace, d'énergie et de fureur, implacable contre les étrangers et contre les ennemis de la Révolution, fit face à tous les dangers, brisa tous les obstacles et sauva la patrie. Mais lorsque les grandes luttes eurent cessé, que les partis qui dominèrent tour à tour dans son sein se furent envoyés réciproquement à l'échafaud, par jalousie, par ambition, par haine les uns des autres, par crainte de la tyrannie, elle suivit une marche incertaine, hésitante, et enfin se démit de ses pouvoirs.

Le Directoire, qui lui succéda, fut un gouvernement faible, indécis, qui ne satisfaisait pas la nation. Alors on vit un homme que ses talents militaires avaient placé à la tête des armées et que le peuple acclamait avec enthousiasme, comme un libérateur, renverser ce gouvernement impuissant et prendre dans ses mains les rênes de la République. Et quatre ans et demi après cet événement, le Sénat offrait tous les attributs de la puissance, avec le titre d'empereur, au soldat issu de la Révolution, et le peuple ratifiait par trois millions cinq cent mille suffrages contre deux mille cinq cents l'établissement d'une nouvelle dynastie. Ainsi ce peuple, qui venait de faire tant de sacrifices pour la liberté, la remettait déjà dans les mains d'un de ses enfants comme preuve de sa reconnaissance et de son admiration. Mais est-ce en se dépouillant du seul bien qui l'honore qu'un peuple doit récompenser les services de ses citoyens illustres? Le sacrifice n'est-il pas trop grand?

En présence de ce triste spectacle, quelques âmes taillées à l'antique offrent cependant par leur courage et leur constance une noble consolation : C'est Masséna, l'enfant chéri de la Victoire, le compagnon d'armes du soldat couronné, mettant dans l'urne un vote négatif; c'est Carnot, qui avait sauvé la patrie de l'invasion étrangère en 1792, qui avait voté la mort du roi en pleurant, montant à la tribune et s'écriant : « La liberté fut-elle donc toujours montrée à l'homme pour qu'il ne pût en jouir? fut-elle sans cesse offerte à ses vœux comme un fruit auquel il ne peut porter la main sans être frappé de mort? Ainsi la nature qui nous a fait de cette liberté un besoin si pressant, aurait voulu nous traiter en marâtre! Non, je ne puis consentir à regarder ce bien si universellement préféré à tous les autres, sans lequel les autres ne sont rien, comme une simple illusion. Mon cœur me dit que la liberté est possible!... »

Mais ces accents si touchants qui plaidaient en faveur de la liberté et de la République ne furent pas entendus, et la France passa sous un pouvoir autoritaire qui l'éleva au plus haut point de grandeur et de gloire pour être obligé ensuite de la laisser tomber vaincue et brisée; car une nation qui est arrivée à un degré de puissance conforme à la force de sa nature, doit persévérer à rester à ce degré, sans chercher à devenir au détriment des autres, encore plus redoutable; et si cette nation, poussée par une force extraordinaire, déborde sur les autres peuples, comme un fleuve en courroux dans les campagnes qui l'entourent, la Providence ne tarde pas à la rejeter dans ses limites naturelles.

*
* *

Plusieurs causes ont toujours empêché le gouvernement républicain de prendre dans le pays des racines profondes. Le mot seul de révolution a laissé des souvenirs si sanglants et si terribles que la plus grande partie de la population, la partie laborieuse, honnête, paisible, qui forme le fond de la nation, qui passe sa vie aux champs, qui fournit les meilleurs soldats et les plus robustes travailleurs, qui jouit d'une liberté qui dépasse même la proportion de ses connaissances, ne désire que l'ordre et la paix, les seuls moyens qui lui permettent de vivre dans le bonheur et d'acquérir l'aisance et la fortune. En effet, qu'importe à un cultivateur ignorant que la France ait à sa tête un roi constitutionnel ou une République qui donnera à cinq ou six cents représentants des pouvoirs plus étendus. Lui est-il possible de discerner la nuance qui existe entre ces deux gouvernements? non. Que la royauté constitutionnelle vienne à être renversée, il ne la défendra pas; la République s'établira, il ne dira rien ; mais que cette République, au lieu de constituer rapidement un pouvoir fort, stable, définitif, s'amuse à jouer sur des mots et perde son temps en puérilités, en agaceries, alors ce cultivateur, dans son gros bon sens, redemandera ce premier gouvernement qui lui donnait plus de bien-être que l'autre, et sous lequel on était sûr de voir le lendemain sans entendre de bruit et de tumulte.

Ainsi, les hommes qui sont toujours prêts à renverser un gouvernement pour en établir un autre sous la forme républicaine, ont été presque toujours, par leur imprudence et leurs discordantes clameurs, les vraies causes qui ont empêché la République de s'établir.

Le plus grand nombre croit que dès que la République est proclamée, il est nécessaire de crier, de chanter, de faire du bruit, d'arrêter des gens, de mettre le désordre partout. Est-il étonnant ensuite qu'en présence de scènes aussi regrettables et aussi scandaleuses, les gens paisibles se déclarent ennemis de cet état de choses ?

La plupart des hommes qui se disent républicains dénaturent par ce seul fait le sens du mot. S'ils comprenaient quelle vertu, quel patriotisme, quel véritable amour du bien commun et de la liberté, quelle sagesse ce seul mot commande, ils seraient épouvantés de la grandeur de leur tâche, et verraient bien qu'ils ne sont que de vulgaires agitateurs.

Ce n'est pas en ouvrant les prisons de la nation, en jetant dans la rue des hommes pervers qui ont été justement frappés par les lois et qui, ne pouvant se réhabiliter aux yeux de la société et n'ayant nulle envie de le faire, cherchent à la bouleverser, qu'on pourra obtenir un gouvernement stable. La liberté veut de plus nobles défenseurs.

Il ne faut pas qu'au cri de République les bagnes tressaillent d'espérance ; mais il faut, au contraire, qu'ils soient remplis de crainte. Il faut que les prévaricateurs, que ceux qui abusent de l'autorité que les lois leur accordent, que les auteurs de malversations et de fautes graves, redoutent la justice et la colère d'un gouvernement qui doit être la perfectibilité même et qui ne saurait s'écarter de la route du droit. Mais habituellement le contraire de ces choses ayant lieu, est-il possible d'inspirer de la confiance aux populations ?

Ce n'est pas avec des éléments corrompus qu'on peut construire un édifice solide.

Or, on a remarqué que sous le nom austère de républicain se cachaient souvent les esprits les plus licencieux et les plus désordonnés ; ce qui fait craindre qu'il se passe au milieu de nous ce qui avait lieu autrefois dans la république de Rome, et que Bossuet nous dépeint ainsi avec son admirable génie : « Ceux qui se voyaient ruinés n'avaient de ressource que dans les séditions, et, en tout cas, se souciaient peu que tout périt après eux. Les grands ambitieux et les misérables qui n'ont rien à perdre aiment toujours le changement... »

En France, beaucoup de gens se laissent prendre au mot de liberté, comme les alouettes se laissent prendre au miroir. Mais les rhéteurs imprudents qui parlent à la foule ont-ils mesuré la distance qui sépare le despotisme de la liberté et la liberté de la licence ? Ne savent-ils donc pas que ces deux extrêmes peuvent également conduire une nation à sa perte ? Qu'après le despotisme, il n'y a pas de cause plus funeste pour amener la décadence d'un peuple que la licence ?

Lorsqu'un peuple est arrivé à conquérir sur ses tyrans les droits qu'il tient de la nature, c'est-à-dire qu'il administre lui-même ses affaires, nomme ses représentants, choisit la forme de son gouvernement, tranche par son libre vote les grandes questions, rejette une constitution ou la sanctionne, ce peuple peut se dire libre ; il doit alors éviter les écarts, se méfier de ceux qui veulent l'entraîner dans des voies nouvelles, et enfin n'aspirer qu'à la perpétuité de cet état de choses.

*
* *

Toute puissance s'établit par ses services et s'écroule par ses abus. Telle est en deux mots l'histoire de la royauté française.

Le pouvoir monarchique a été le gouvernement de la France depuis les premiers chefs des Francs jusqu'à la Révolution. Durant ce long enchaînement de siècles, les princes qui sont montés sur le trône ont offert un mélange de grandeur et de bravoure, de bassesse et de lâcheté, de vices et de vertus.

A l'origine, chez les peuplades des Francs, les attributions de la royauté n'étaient déterminées que grossièrement, selon leur législation barbare. C'était à la fois un mélange de despotisme et de liberté excessive. Nous en voyons une preuve dans le récit du vase de Soissons, que Grégoire de Tours raconte : « Après une victoire, Clovis réclama pour sa part de butin un vase précieux qui avait été pris dans une église ; un de ses guerriers, frappant le vase de sa hache, s'écria : « Tu n'auras que ce que le sort t'accordera. » Mais quelque temps après, Clovis, passant une revue, reconnut le guerrier qui avait cassé le vase, il s'approcha de lui et lui dit : « Personne n'a des armes en aussi mauvais état que les tiennes. » En même temps, il les prit et les jeta par terre ; et comme le soldat se baissait pour les ramasser, le roi lui fendit la tête d'un coup de sa francisque en s'écriant : « Qu'il te soit fait comme tu as fait toi-« même au vase de Soissons. »

Mais, lorsque par suite des guerres, les chefs se furent enrichis, ils s'éloignèrent davantage du milieu de leurs sujets, se drapèrent pour ainsi dire dans leur puissance croissante, eurent des forteresses, s'entourèrent de gardes et commandèrent en tyrans. Alors la royauté, qui avait été élective chez les peuplades des Francs, fut héréditaire et à la merci des intrigues de cour.

Les monarchies reposent sur le principe de l'hérédité, mais le principe de l'hérédité ne repose pas sur la raison.

Elles sont donc bien certaines, les familles qui aspirent à vieillir sur un trône et à régner à jamais sur un peuple, d'avoir reçu en partage de la Providence les qualités de l'âme, les vertus, l'intelligence, le désintéressement et le violent amour du bien commun, qui sont nécessaires à tout homme appelé à tenir les rênes d'un gouvernement?

Cependant, l'histoire nous montre que souvent un roi brave, noble, d'un esprit élevé, a eu pour successeur un fils sans caractère, sans intelligence, sans aucune des capacités que d'aussi hautes dignités réclament.

Alors le gouvernement tout entier passe entre les mains des favoris et des favorites. Les exemples de débauche et d'impudicité viennent d'en haut. La corruption émane des rois. Les abus et les caprices augmentent chaque jour. Les représentants de la nation sont de plus en plus relégués dans l'ombre, et on cherche à acheter le silence de ceux qui voudraient encore parler de liberté.

Puisque une famille est héréditaire ou éternelle sur un trône, que les années passent, mais qu'elle reste toujours, comme le soleil à la voûte du ciel, pourquoi ne pas tout oser? « Ne sommes-nous pas rois? n'avons-nous pas un peuple pour payer des impôts? une armée pour nous défendre? ne pouvons-nous pas, selon notre bon plaisir, nous occuper des affaires, dormir ou nous amuser? N'avons-nous pas l'immensité du temps devant nous? Nos enfants termineront ce que nous ne pourrons faire..... »

Ah! chimères des temps passés, fuyez! rentrez dans vos cercueils! Vous n'êtes que poussière! vous n'êtes que vanité!

Le temps n'est pas aux rois, le temps est aux peuples! Et ce temps a été donné aux hommes pour un travail continuel à la recherche du vrai, de la justice et de la vertu.

Montesquieu a dit : « Quand on accorde les honneurs, on sait précisément ce que l'on donne; mais quand on y joint le pouvoir, on ne peut dire à quel point il pourra être porté. »

Aussi, avant de choisir un gouvernement définitif, il est prudent qu'un peuple envisage le plus ou le moins d'avantages qu'il peut en retirer. Il doit éviter la voie qui le conduirait à la licence et à sa perte, et il doit craindre celle qui le replacerait sous le joug du despotisme. Le juste milieu entre ces deux écueils est difficile à tenir : mais là est le salut.

*
* *

En France, deux formes de gouvernement sont en présence : la République et l'Empire. La Royauté a vécu.

Lequel de ces pouvoirs l'emportera sur l'autre ? Nul ne pourrait le dire. Le peuple seul est arbitre de ses destinées et peut légalement trancher la question. S'il laissait ce soin à des hommes, quels qu'ils fussent, il abdiquerait ses droits et ne serait plus le peuple souverain.

Ces deux formes de gouvernement ont l'une et l'autre une origine populaire.

La République est née de la révolution et a succédé à la royauté mourante. L'Empire a consacré les conquêtes de la révolution et a été acclamé par la nation.

Pour qu'un changement de pouvoir soit légal dans un État, il faut que ce changement soit fait par le peuple ou ratifié par lui.

A ce titre, on voit que l'Empire, qui par deux fois a été le gouvernement de la France, a été aussi le seul qui ait été soumis directement à l'approbation de la France entière et accepté à une immense majorité : la première fois, le 18 mai 1804, par 3,572,329 suffrages, contre 2,569 ; la deuxième fois, le 22 novembre 1852, par 8,152,752 suffrages.

Le 18 brumaire et le 2 décembre ont vu deux actes de violence contre les Assemblées parlementaires. Les conséquences de ces deux actes ont été chaque fois un gouvernement fort qui a ramené le calme, a fait renaître la confiance et a donné à tous les travaux utiles une grande impulsion. Et le peuple, poussé par un sentiment de reconnaissance, a ratifié ces actes faits en son nom. Mais tant d'autres actes de violence faits aussi au nom du peuple, par d'autres hommes, ont-ils été ratifiés comme ceux du 18 brumaire et du 2 décembre ?

Il est juste que le peuple, qui est son seul maître, ait le droit de

choisir pour son gouvernement les hommes qui répondent à son
caractère, à ses intérêts et à sa confiance, et de ne pas choisir ceux
qui ne lui offrent pas les mêmes garanties. Les gens qui pensent
autrement ne doivent pas être de sincères citoyens. Il serait risible
de voir une grande nation rendre compte de sa conduite à quel-
ques-uns de ses enfants dont le seul devoir est d'obéir à sa volonté.
Ce serait une faiblesse insigne. Le peuple parle par son vote ;
quand il a parlé, chacun doit obéir à sa voix, quelle que soit la
couleur de ses paroles. De cette seule manière, il exerce sa souveraineté et dispose de lui-même. C'est l'expression la plus étendue
de la liberté.

Mais quels que soient les hommes que le peuple acclame, qu'il
se garde bien de leur confier des fonctions à titre héréditaire.

La transmission du pouvoir ne doit pas se faire sans un appel
au peuple, pour lui demander son approbation ou son refus, car
il ne faut pas qu'un homme puisse dire : un jour je serai à la tête
de cette nation. Cette seule idée tâcherait la liberté ! Il faut que
cet homme ait toujours présente à ses yeux la crainte de ne pas
être asez digne d'être élu, et cette crainte lui inspirera ses devoirs.

Comme l'opinion publique peut changer avec les années, suivant
les malheurs ou les prospérités de la Patrie, il faut qu'elle puisse
donner le pouvoir à un homme ou le lui retirer sans secousse vio-
lente ; il faut que ces actes de sa volonté soient inscrits dans sa
constitution gouvernementale. Dans un Etat les hommes ne sont
rien, ni le mot qui détermine la forme du gouvernement : la constitution est tout.

Cette constitution doit être basée sur le droit pour que le peuple
soit libre, et doit être approuvé par lui avant d'être mise en vigueur.

Nos pères ont élaboré avec la plus grande sagesse les lois qui
doivent régir toute société policée. Ces lois n'ont besoin que de

recevoir une application sincère. Les changements des temps n'en ont pas altéré la nature, car elles reposent sur la justice, qui ne se révèle à l'homme que sous une seule expression.

Tout gouvernement trouvera toujours des contradicteurs. L'Empire aura des ennemis. La République aurait aussi des radicaux, des ultra-radicaux, des déboulonneurs de société, comme il y a eu des déboulonneurs de colonne.

Il n'est pas possible que la France aspire à se mettre sous le joug d'une pareille dictature ; qu'elle veuille retourner au chaos, au radicalisme des choses humaines, pour s'écrier ensuite sur un monde de ruines : Vive la liberté ! Attila, le plus grand des destructeurs, était plus sérieux.

Quelques rhéteurs de nos jours ont cherché à égarer le peuple.

Ils ont prétendu que les armées permanentes étaient inutiles, que les peuples étaient assez sages pour vivre en paix comme dans l'âge d'or. Hélas ! ces hommes connaissaient bien peu le cœur humain, ou ils cachaient sous des apparences trompeuses leur noire ambition !

Et quand on jette quelques regards sur le triste passé, que voit-on ? A côté des désastres, des hommes qui avaient dit à la nation : ayez confiance en nous... et qui ont été non-seulement impuissants à arrêter les malheurs, mais ardents à les augmenter, sous de fallacieux prétextes de liberté, de République...

Et quels talents avaient-ils, ces orateurs de carrefour, pour vouloir faire des armées, les diriger et battre les soldats les mieux disciplinés de l'Europe ? Ils avaient leur présomption.

L'armée est le *palladium* de l'indépendance d'une grande nation.

L'homme est citoyen à 21 ans. Depuis cet âge, sa vie se divise en deux parties principales : le temps de service militaire qu'il doit à sa patrie et le temps qui lui appartient à lui-même. Pendant la première période, il doit être soumis à une discipline sévère, être sans cesse exercé au maniement des armes.

Le séjour prolongé des villes étant pour l'armée une cause funeste, c'est au milieu des camps que doit se faire l'instruction militaire du citoyen. Là, n'ayant d'autre abri que sa fragile tente, d'autre lit que la terre, d'autre vue que celle de ses armes, d'autres amusements que les manœuvres, il s'aguerrira infailliblement. Il faut qu'il arrive à considérer cette existence avec l'indifférence d'un homme qui n'en a pas connu une plus douce et qui n'a pas même le désir d'en connaître. Les garnisons ne sont propres qu'à faire sentir au soldat le double poids de la discipline et de ses armes, qu'à lui faire regretter une vie plus paisible, plus molle, dont jouissent tant de citoyens qu'il coudoie chaque jour. À peine est-il arrivé sous les drapeaux qu'il pense déjà à son départ. Il n'a aucun goût pour les exercices. Il prend toutes les habitudes de débauche des villes et n'acquiert aucune des qualités du guerrier.

Avec dix mille hommes de troupes habituées aux fatigues, aux privations, à une discipline de fer, on battra trente mille hommes de troupes ordinaires ; ou dans un jour de revers, avec de pareilles troupes, on pourra faire face à l'ennemi avec honneur ; elles tomberont, mais sans plier, comme une barre d'acier qui casse jusqu'au moindre morceau.

Il faut que chaque soldat ait confiance en ses chefs, qu'il ait aussi confiance dans ses propres forces et qu'il soit sûr de lui-même.

Voici ce que Bossuet dit des armées romaines et ce qu'on devrait voir en France : « On établit comme une loi inviolable qu'un soldat romain devait vaincre ou mourir. Par cette maxime, les armées romaines, quoique défaites et rompues, combattaient et se ralliaient jusqu'à la dernière extrémité ; et il se trouvait parmi les Romains plus de gens punis pour avoir combattu sans en avoir l'ordre, que pour avoir lâché pied et quitté leur poste : de sorte que le courage avait plus besoin d'être réprimé, que la lâcheté n'avait besoin d'être excitée. » On trouvait de pareils exemples dans les armées françaises de l'époque où elles luttaient contre l'Europe entière ; aujourd'hui on n'en trouverait pas ; les fils ne sont plus ce qu'étaient leurs pères ; donc ils ont dégénéré.

C'est une grande erreur de croire que les foules nombreuses, armées à la hâte, peuvent être utiles dans une guerre ; elles ne peuvent être que nuisibles. En recourant à ce dernier moyen, on augmente le sang, la ruine, la destruction, la dévastation et on n'obtient jamais un résultat favorable. Les faits passés nous en ont laissé une preuve.

L'art de la guerre devient chaque jour plus compliqué et plus difficile par l'invention ou le perfectionnement des armes, les moyens rapides de transporter les troupes d'un lieu à un autre, la rapidité avec laquelle les généraux peuvent recevoir des ordres et des contre-ordres, se dérober à l'ennemi ou arriver sur lui à l'improviste et l'écraser. Une armée en campagne doit toujours être sur le *qui-vive*, bien qu'elle n'ait en face d'elle que des ennemis peu nombreux, car cent mille hommes peuvent en quelques heures arriver d'un lieu éloigné. L'organisation dans le transport rapide des troupes sera à l'avenir d'une grande importance dans les guerres.

Aujourd'hui l'art est tout et le nombre des soldats est pour peu ; l'artillerie joue le rôle principal.

Aussi l'infanterie paraît devoir servir d'escorte à une nombreuse artillerie, plutôt que ce soit quelques pièces d'artillerie qui escortent une nombreuse infanterie, comme cela était autrefois. Une partie de la cavalerie doit se porter à de grandes distances en avant pour éclairer le pays ; l'autre partie doit être lancée sur l'ennemi rompu ou en déroute, et si le cas contraire se présente, arrêter ses efforts tandis que le corps d'armée bat en retraite.

Beaucoup de gens, surtout de nos jours où l'on voit tant de petits esprits qui croient avoir de grands talents, critiquent l'armée, les généraux, les bafouent même ; certains avocats veulent s'improviser généraux en chefs ; enfin chacun dirige une armée à sa manière, fait le tacticien, rencontre l'ennemi, le bat, le terrasse, l'anéantit et crie à l'incapacité des généraux qui n'ont pas su en faire autant. Ces discussions pleines de présomption sont de graves symptômes de décadence dans l'esprit public. La défense de la patrie ne réclame pas tant de généraux improvisés, mais un plus grand nombre de soldats solides et intrépides.

*
* *

L'opinion publique s'arrêtera-t-elle sur le choix d'une République ou d'un Empire électif?

La question est fixée sur ce terrain, par une trève, sous la sauvegarde d'un honnête homme et d'un loyal soldat. Un jour le peuple tranchera lui-même la question. Aucune combinaison gouvernementale ne peut être arrêtée définitivement sans son consentement; tout pouvoir qui s'établirait à la faveur de quelques intrigues n'aurait d'autre solidité que celle d'un château de cartes que le moindre mouvement renverse, car il ne reposerait pas sur le grand principe de la souveraineté populaire.

L'homme est né libre, mais cette liberté même, qui est le plus précieux des dons qu'il a reçus de la nature, est circonscrite par les lois sans lesquelles aucune société humaine n'est possible. Les lois, a dit Montesquieu, sont les rapports nécessaires qui dérivent de la nature des choses. » Ces rapports peuvent être modifiés selon les peuples, leur humeur, leurs usages, leurs mœurs, mais ils doivent toujours chercher à satisfaire l'intérêt général ; ils sont inséparables de toute société policée, quelle que soit la forme de son gouvernement ; aussi leur plus puissant corollaire se trouve dans la volonté du peuple librement exprimée.

Tout gouvernement doit viser principalement à l'ordre et à la paix intérieure, à l'obéissance dans la hiérarchie administrative, à la constante application des lois avec la plus grande impartialité ; il doit étudier et examiner les différentes modifications qui peuvent être apportées aux choses, selon le changement des temps. Il doit avoir une armée forte, disciplinée ; donner aux jeunes citoyens une éducation solide, leur inspirer l'amour de la patrie et de la liberté.

Si un peuple n'arrive à briser les chaînes de la tyrannie que par les plus pénibles efforts, c'est aussi par de violents efforts qu'il doit éviter de descendre les pentes glissantes de la décadence. L'histoire est remplie des exemples de peuples qui, après avoir accompli les plus grandes choses, se laissaient aller à la mollesse et à la corruption et s'abandonnaient à quelques rhéteurs vulgaires qui possédaient l'art de les flatter en leur montrant l'appât d'une plus grande liberté. Ah ! les insensés ! comme si dans l'âge du déclin et de la décadence, ils pouvaient donner à leur pays des institutions plus fortes et plus durables que celles que leurs pères avaient faites, alors que n'étant pas amollis comme eux, ils jouissaient d'un jugement sain et d'une intelligence puissante.

On dirait parfois qu'un esprit de vertige emporte les nations loin des bornes tracées par la raison ; et il se trouve des hommes, dans ces circonstances malheureuses, qui, loin de chercher à les ramener à des sentiments plus nobles, semblent prendre plaisir à jeter le trouble de toutes parts, pour satisfaire leur ambition. Les peuples ont à se prémunir contre ces entraînements et à choisir ceux de leurs citoyens qui aiment la véritable liberté.

Sous l'inspiration de semblables pensées et avec la supériorité que l'éloquence donne aux grandes âmes, Isnard s'écriait à la Convention nationale, en apostrophant les tribunes : « Peuple, la liberté est placée entre le despotisme et l'anarchie ; tu as brisé le premier de ces écueils, mais crains de te briser contre le second. »

www.ingramcontent.com/pod-product-compliance
Ingram Content Group UK Ltd.
Pitfield, Milton Keynes, MK11 3LW, UK
UKHW021046120726
13693UKWH00006B/2450